Just Like My Sister

Written by Katherine Del Monte & Max Benavidez
Illustrated by Laura Alvarez

Igual Que Mi Hermana

Escrito por Katherine Del Monte & Max Benavidez
Ilustrado por Laura Alvarez

Lectura Books
Los Angeles

Mi hermana mayor es muy inteligente y hermosa.

My older sister is so smart and pretty.

Todos los días ella asiste a la escuela.

Every day she goes to school.

Y algunas veces, después de la escuela, ella viene a mi clase de baile y ayuda a mi maestra.

And sometimes after school she comes to
my dance class and helps my teacher.

Algunos días yo la acompaño al juego de fútbol y ayudo a su entrenadora.

Some days I go to her soccer game and I
help her coach.

Me encanta jugar a las muñecas con mi hermana, pero a ella le gusta hablar por teléfono.

I like to play dolls with my sister, but she likes to talk on the telephone.

Hay días que ayudo a mi hermana con su tarea.

Some days I help my sister with her homework.

Cuando mi hermana asistió a su primer baile de la escuela, le ayudé a vestirse y maquillarse. Después nos tomamos fotografías.

When my sister went to her first school dance, I helped her get dressed. I helped her put on her make-up. Then we took pictures.

Las cosas no siempre son perfectas. Algunos días nos peleamos.

Things aren't always so perfect.
Some days we fight.

Pero siempre nos entendemos. Ella juega y me levanta en el aire. Eso me alegra mucho.

But then we always work things out. She picks me up and twirls me around. And that makes everything better.

Mi momento favorito del día es cuando leemos juntas en la cama.

My favorite part of the day is when we read in bed.

Un día yo seré grande, inteligente y hermosa. Iré a bailes y jugaré al fútbol igual que mi hermana.

Someday I'll be big and smart and pretty,
and I'll go to dances and play soccer just like
my sister.

Just Like My Sister

A little girl admires her big sister and dreams of being just like her.

The text appears in both English and Spanish, making this book useful for second-language learners of English or Spanish. A language curriculum is available by calling Lectura at (866) 480-8736. Ask about other books and curricula for second-language learners of Spanish and English.

Katherine Del Monte is the founder and director of The Latino Family Literacy Project, a program that emerged out of her experiences working with Latino families. This is her first children's book.

Max Benavidez is a writer. His essays and poetry have appeared in many literary journals and anthologies. He teaches courses on Latino culture and art at UCLA.

Laura Alvarez is a visual and recording artist who has exhibited in museums and galleries throughout California. Laura lives in Santa Monica with her husband and two young sons.

Igual Que Mi Hermana

Una niña pequeña tiene gran admiración por su hermana mayor y añora ser igual que ella.

Con un texto en dos idiomas, en español y en inglés, este libro les será útil a aquellos estudiantes que estén aprendiendo inglés o español como segundo idioma. Usted puede obtener mayor información acerca del plan de estudio de idiomas llamando Lectura, marcando sin costo al número telefónico (866) 480-8736. Al llamar, solicite informes acerca de otros libros y planes de estudio para aprender español y/o inglés.

Katherine Del Monte es la fundadora y directora del The Latino Family Literacy Project, un programa que surgió como resultado de su experiencia al trabajar con familias latinas.

Max Benavidez es escritor. Sus ensayos y su poesía han sido publicados en diferentes revistas literarias y antologías. Es profesor de UCLA donde da clases de cultura latina y arte.

Laura Álvarez es artista, especializada en arte visual. Ella ha grabado discos y ha expuesto sus obras en diferentes museos y galerías en el estado de California. Laura vive en Santa Mónica con su esposo y sus dos hijos pequeños.